¿Quién vuela?

Ciro Bello
ilustrado por Olga Cuéllar

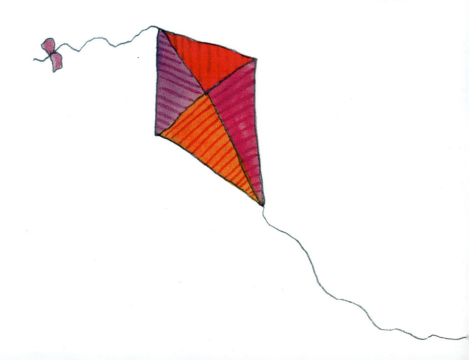

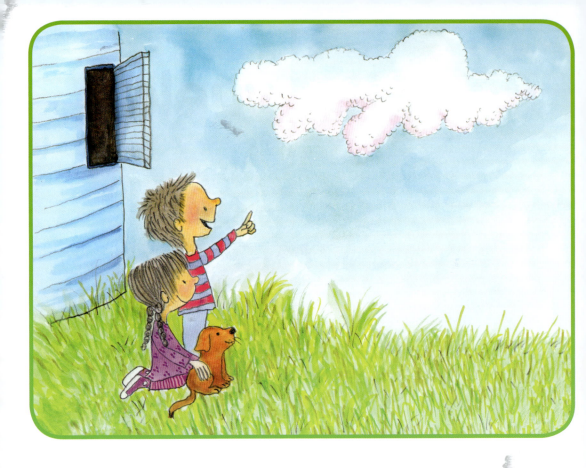

La nube está muy alta.

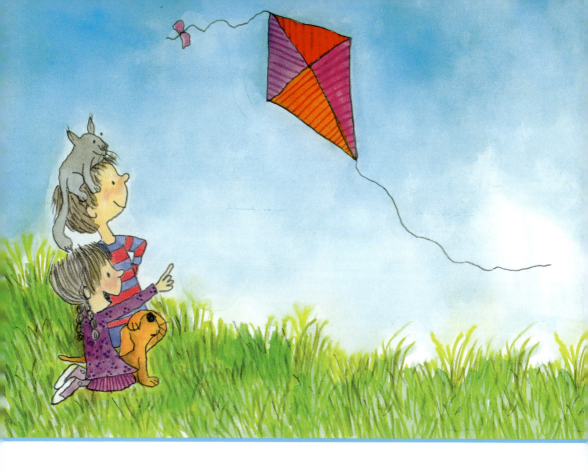

La cometa está muy alta.

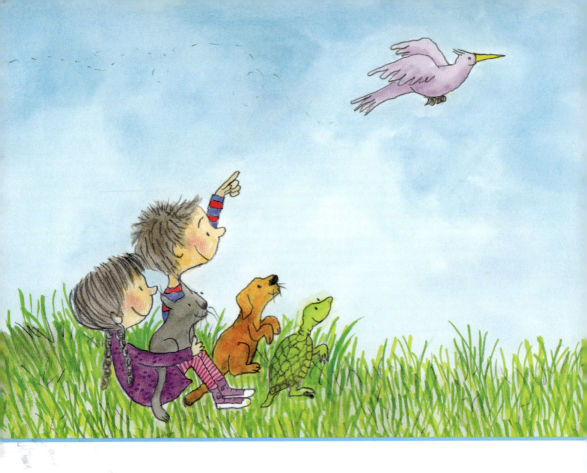

El pájaro vuela alto.

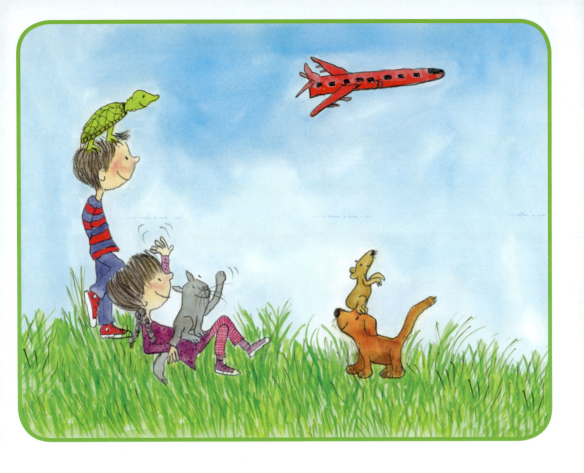

El avión vuela alto.

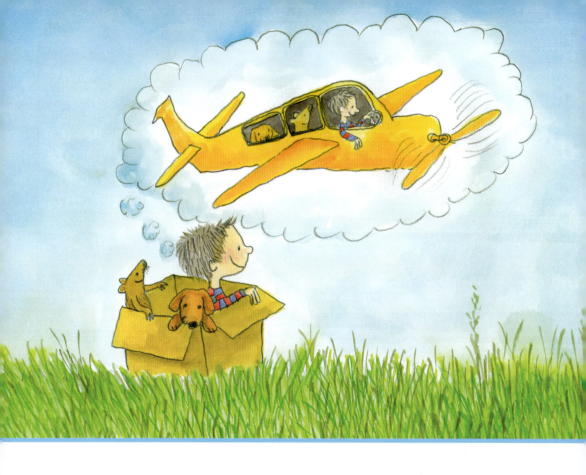

Yo tengo un avión.

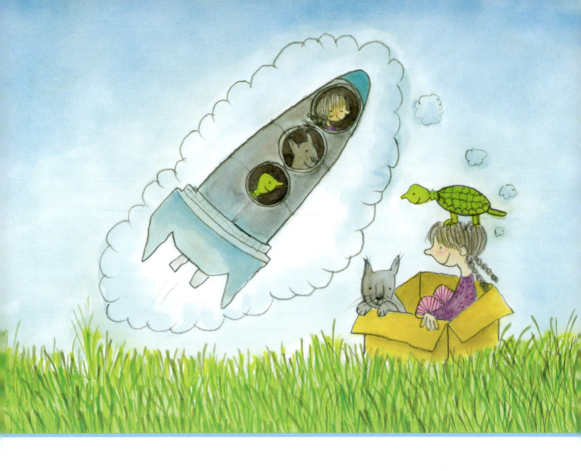

Yo tengo una nave.

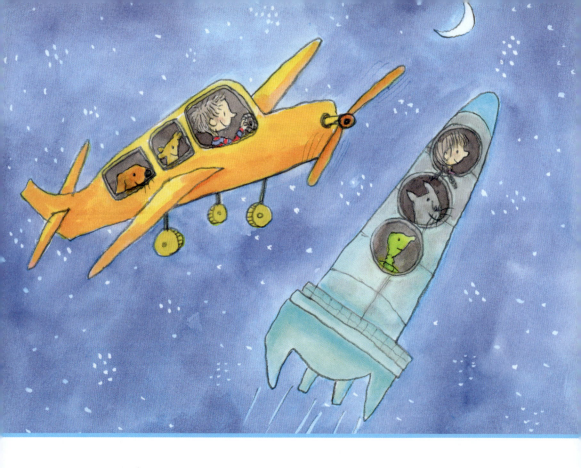

¿Quién quiere volar?